Dieses Buch gehört

D1671573

Hänsel und Gretel

Fünf Schritte zum Lesespaß

Klassische Märchen eignen sich gut zum Lesenlernen, da die Kinder mit den Handlungen und Personen bereits vertraut sind. Begleiten Sie Ihr Kind Schritt für Schritt auf dem Weg zum sicheren und selbstständigen Lesen!

Schritt 1
Lesen Sie den Text vor. Fahren Sie dabei mit dem Finger unter den Wörtern entlang.

Es war einmal eine arme Familie, die große Not litt. Die Eltern und ihre Kinder Hänsel und Gretel hatten kaum etwas zu essen. Eines Abends hörten die Kinder, wie die Mutter leise sagte: „Das Essen reicht einfach nicht für uns alle. Wir müssen die Kinder fortbringen."

Schritt 2
Sprechen Sie darüber, was auf den Bildern zu sehen ist.

Schritt 3

Lesen Sie den kurzen Text auf den rechten Seiten gemeinsam. Dabei kommen einige Wörter immer wieder vor, zum Beispiel **er**, **und** oder **was**. Ihr Kind wird diese Wörter bald wiedererkennen.

Hänsel und Gretel hatten große Angst.

Schritt 4

Ermutigen Sie Ihr Kind, die Zeilen rechts eigenständig zu lesen.

Schritt 5

Helfen Sie Ihrem Kind, die Rätsel hinten im Buch zu lösen.

Es war einmal eine arme Familie,
die große Not litt. Die Eltern und
ihre Kinder Hänsel und Gretel
hatten kaum etwas zu essen.
Eines Abends hörten die Kinder, wie
die Mutter leise sagte: „Das Essen
reicht einfach nicht für uns alle.
Wir müssen die Kinder fortbringen."

Hänsel und Gretel
hatten große Angst.

Am nächsten Tag gingen
die Eltern mit den Kindern
in den Wald. Jeder bekam
ein Brötchen. Hänsel brach
seines in kleine Stücke, die er
auf den Boden fallen ließ.

„Ich habe einen Plan", sagte er zu Gretel.

Abends ließen die Eltern
ihre Kinder im Wald zurück.
„Komm, wir folgen den
Brotkrumen", sagte Hänsel.
„Sie führen uns nach Hause."
Doch die Vögel hatten alle
Brotstücke aufgepickt!

Was sollten Hänsel
und Gretel nun tun?

Als es dunkel wurde, wärmten sie sich an einem kleinen Feuer. Vor Hunger und Angst konnten die Kinder nicht schlafen. Sie hörten unheimliche Geräusche. Hu-huuu!

„Was war das?", rief Hänsel.
„Eine Eule", sagte Gretel.

Am nächsten Tag irrten sie weiter
durch den Wald. Da kamen sie zu
einem kleinen Haus. Es war ganz
und gar aus Lebkuchen und Zucker!

Hungrig naschten
die Kinder von dem Haus.

Da kam eine alte Frau heraus
und fragte: „Knusper, knusper,
knäuschen, wer knuspert an
meinem Häuschen?"
Die Kinder erschraken sehr
und riefen: „Der Wind, der Wind,
das himmlische Kind!"

„Kommt nur herein", sprach
die alte Frau.

Hänsel und Gretel traten ein.
Die alte Frau bereitete ihnen ein
köstliches Abendessen und richtete
zwei gemütliche Betten her.
Leise murmelte sie: „Den Jungen
will ich füttern, bis er dick und
fett ist. Das wird ein richtiger
Leckerbissen!"
Die alte Frau war in Wirklichkeit
eine böse Hexe!
Doch Gretel hörte, was sie sagte.

**Sie erzählte Hänsel
vom Plan der Hexe.**

Am nächsten Morgen sperrte die
Hexe Hänsel in einen Käfig. Gretel
musste ihm sehr viel Essen bringen.
Jeden Tag prüfte die Hexe, ob er
schon dick genug war. Doch statt
seines Fingers reichte Hänsel ihr
einen Knochen. Die Hexe merkte es
nicht, da sie nicht gut sehen konnte.

**Sie wartete und wartete.
Doch Hänsel wurde
nicht dick!**

Eines Tages sagte die Hexe zu Gretel:
„Jetzt reicht es mir! Heute kommt
dein Bruder in den Kochtopf."
Gretel erschrak zutiefst. In ihrer Not
rief sie: „Aber ist der Ofen denn schon
warm genug?"
Die Hexe öffnete die Ofentüre, um
nachzusehen. Da versetzte Gretel ihr
blitzschnell einen Stoß.

Die böse Hexe landete im Ofen!

Schnell befreite Gretel ihren Bruder. Im Hexenhaus fanden sie eine Truhe voller Gold. Sie steckten ein, was sie tragen konnten. Mit vollen Taschen liefen sie davon. Bald trafen sie ihren Vater, der sie schon gesucht hatte. Das gab ein frohes Wiedersehen!

Die Familie lebte noch lange glücklich zusammen.

Rätsel

Welche beiden Wörter reimen sich?

Wind   Ring   Kind   Bild   Pilz

Welches Wort passt nicht zum Bild?

Haus
Lebkuchen
Ofen

Welches Wort passt zu diesem Bild?

Hund
Katze
Maus

Wer stieß die Hexe
in den Ofen?

Hänsel
Gretel
die Mutter

Was ist richtig?

Die Vögel aßen das Brot.
Die Katzen aßen das Brot.